茂县营盘山新石器时代遗址

（下）

成 都 文 物 考 古 研 究 院
阿坝藏族羌族自治州文物管理所　编著
茂 县 羌 族 博 物 馆

文物出版社

The Yingpanshan Neolithic Site in Maoxian County (III)

by

Chengdu Municipal Institute of Cultural Relics and Archaeology

Administration of Cultural Relics of Aba Tibetan and Qiang Autonomous Prefecture

Qiang Museum of Maoxian County

Cultural Relics Press

彩版目录

彩版一　营盘山遗址航拍图

1. 营盘山遗址外景

2. 营盘山遗址外景

彩版二　营盘山遗址外景

1. 营盘山遗址外景（由南向北）

2. 营盘山遗址近景

彩版三　营盘山遗址外景

1. 四川省文化厅徐荣旋、王琼副厅长考察营盘山遗址发掘现场

2. 阿坝藏族羌族自治州领导考察营盘山遗址发掘现场

彩版四　领导考察营盘山遗址发掘现场

1. 严文明先生查看营盘山遗址出土文物

2. 李伯谦先生查看营盘山遗址出土文物

彩版五　专家学者指导工作

1. 张忠培先生查看营盘山遗址出土文物

2. 四川大学马继贤、宋治民、张勋燎教授查看营盘山遗址出土文物

彩版六　专家学者指导工作

1. 00T14东壁

2. 00T12北壁

彩版七　2000年发掘现场

1. 00T8北壁

2. 00T13西壁

彩版八　2000年发掘现场

1. 00T13③层下遗迹

2. 00F3~F5

彩版九　2000年发掘现场

1. 00F3

2. 00F4

彩版一〇 2000年房址

1. 00F5

2. 00H1

彩版一一　2000年房址与灰坑

1. 00H3

2. 00H8

彩版一二　2000年灰坑

1. 00H12

2. 00H22

彩版一三　2000年灰坑

1. 00H19

2. 00H19

彩版一四　2000年灰坑

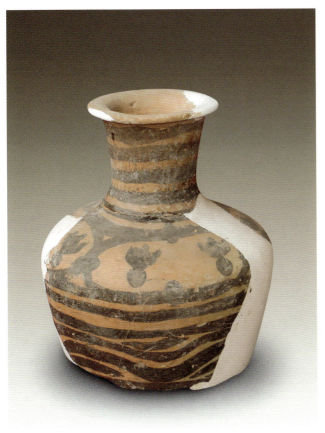

1．C型Ⅰ式彩陶瓶00H12：5

2．彩陶瓶残片00H8：4

3．彩陶瓶残片00H8：17

4．彩陶瓶残片00H28：13

5．彩陶瓶残片00T8④：80

彩版一五　2000年出土彩陶

1．彩陶瓶残片00T1②：22

2．彩陶瓶残片00T1②：22

3．彩陶瓶残片00T12①：1

4．彩陶瓶残片00T17②：6

5．彩陶瓶残片00T17②：6

6．彩陶钵残片00H19：14

彩版一六　2000年出土彩陶

1．彩陶盆00H8：2

2．彩陶盆残片00H24：30

3．彩陶盆残片00H24：30

4．彩陶盆残片00H14：3

5．彩陶盆残片00采：20

6．彩陶盆残片00采：20

彩版一七　2000年出土彩陶

1．彩陶瓮00H8：1

2．彩陶片00H8：24

3．彩陶片00T8⑤：122

4．彩陶片00T8④：102

5．彩陶片00采：30

彩版一八　2000年出土彩陶

1．泥质陶钵00H3：35

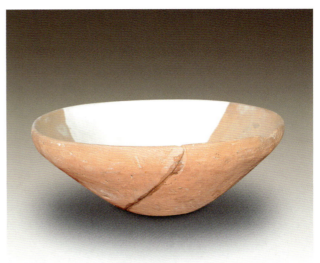

2．泥质陶碗00H8：47

3．泥质陶碗00H8：53

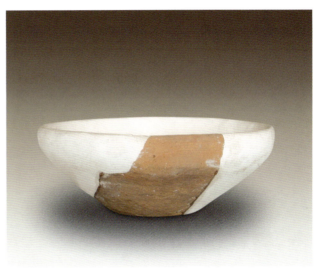

4．泥质陶碗00H8：51

5．泥质陶碗00T10④：36

6．泥质陶碗00T11③：17

彩版一九　2000年出土泥质陶器

1．泥质陶碗00H17：14

2．泥质陶碗00T11③：14

3．泥质陶碗00H1：13

4．泥质陶碗00H18：5

5．泥质陶碗00T11③：16

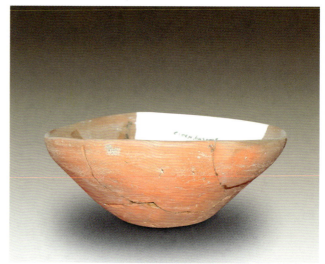

6．泥质陶碗00H20：2

彩版二○　2000年出土泥质陶碗

1．泥质陶碗00T6③：32

2．泥质陶碗00H20：6

3．泥质陶碗00T16③：44

4．泥质陶杯00H17：48

5．泥质陶球00T16④：77

6．泥质陶球00T10④：87

彩版二一　2000年出土陶器

1．夹砂陶侈口罐00T10④：37

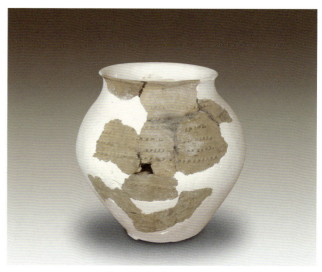

2．夹砂陶小罐00T12⑤：36

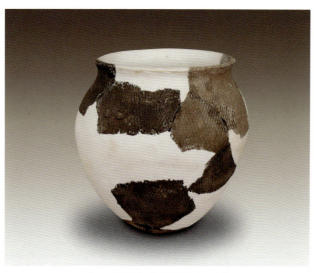

3．夹砂陶小罐00H3：36

4．夹砂陶圈足00H19：1

5．夹砂陶圈足00H19：1

6．穿孔陶构件00H8：77

彩版二二　2000年出土夹砂陶器

1. 砍砸器00H17：46

2. 砍砸器00H17：46

3. 刮削器00H14：28

4. 刮削器00H14：28

5. 切割器00采：8

6. 切割器00采：8

彩版二三 2000年出土打制石器

1. 切割器00H27：14

4. 石核00采：32～35

2. 石核00T11④：200

5. 石核00采：32～35

3. 石核00T11④：200

6. 石核00T14①：4

彩版二四　2000年出土打制石器

1. 磨制石斧00H8：76

2. 磨制石斧00H8：76

3. 磨制石斧00T8④：67

4. 磨制石斧00T8④：67

5. 磨制石斧00H22：19

6. 磨制石斧00H22：19

彩版二五　2000年出土磨制石器

1．磨制石斧00T10④：71

2．磨制石斧00T10④：71

3．磨制石斧00H8：80

4．石锛00T10④：39

5．石锛00H17：49

6．石锛00H17：49

1．石锛00H16：1

2．石锛00H16：1

3．石凿00T16②：20

4．石凿00T16①：7

5．石刀00H19：43

6．石刀00H19：43

彩版二七　2000年出土石器

1. 石刀00H17：6

2. 石刀00H17：6

3. 石刀00T11①：3

4. 石刀00T11①：3

5. 石刀00T15①：1

6. 石刀00T15①：1

彩版二八　2000年出土石器

1. 穿孔石片00H8：75

2. 穿孔石片00H8：75

3. 穿孔石片00H8：83

4. 穿孔石片00T11④：65

5. 穿孔石片00T11④：65

6. 砺石00H19：49

彩版二九　2000年出土石器

1. 石镯（环）形器00H8：91

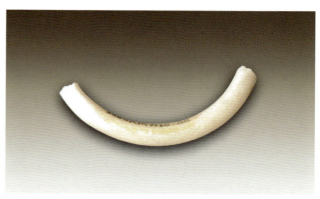

2. 石镯（环）形器00H8：88

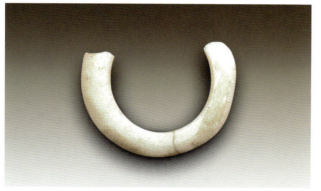

3. 石镯（环）形器00H22：17

4. 石镯（环）形器00H22：17

5. 石镯（环）形器00T8①：201、202

6. 石镯（环）形器00采：28

7. 璧形器00采：26

8. 璧形器00采：26

彩版三〇　2000年出土石器

1．石球00T5③：3

2．石球00T10④：82

3．残石器00采：14

4．石器坯00T8⑤：111

5．骨簪00H3：43

6．骨簪00H20：9

7．烧结物00H16：3

8．烧结物00H16：3

彩版三一　2000年出土石器、骨器

1．02T1北壁

2．02T1东壁

彩版三二　2002年探方

1．02T1南壁

2．02T1西壁

彩版三三　2002年探方

1. 02T18北壁

2. 02T18东壁

彩版三四　2002年探方

1. 02T18南壁

2. 02T18西壁

彩版三五　2002年探方

1. 02T19北壁

2. 02T19北壁

彩版三六　2002年探方

1. 02T19东壁

2. 02T19南壁

彩版三七　2002年探方

1. 02T26北壁

2. 02T26北壁

彩版三八　2002年探方

1. 02T26东壁

2. 02T26南壁

彩版三九　2002年探方

1. 02T28北壁

2. 02T28西壁

彩版四〇 2002年探方

1. 02F2

2. 02F2

彩版四一　2002年房址

1．02F2底部

2．02F2底部

3．02F2储火罐

彩版四二　2002年房址

1. 02F5

2. 02F5

彩版四三　2002年房址

1. 02F5

2. 02F5

彩版四四　2002年房址

1. 02F7

2. 02F7

彩版四五　2002年房址

1. 02F9

2. 02F9

彩版四六　2002年房址

1. 02F9

2. 02F9

彩版四七　2002年房址

1. 02Z1

2. 02Z1

3. 02Z1

彩版四八　2002年灶坑

1. 02Z1底部

2. 02Z1底部

3. 02Z1底部

彩版四九　2002年灶坑

1. 02H12

2. 02H13

彩版五〇　2002年灰坑

1. 02H27

2. 02H29

彩版五一　2002年灰坑

1. 02H29

2. 02H29局部

3. 02H29底部

彩版五二　2002年灰坑

1. 02H30

3. 02H30

2. 02H30

彩版五三　2002年灰坑

1. 02H40

2. 02H40

3. 02H40

彩版五四　2002年灰坑

1. 02H25

2. 02H47

彩版五五　2002年灰坑

1. 02H49

2. 02H49

彩版五六　2002年灰坑

1. 02H33

2. 02H46

彩版五七　2002年灰坑

1. 02H3

2. 02H7

彩版五八　2002年灰坑

1. 02H16

2. 02H42

彩版五九　2002年灰坑

1. 02H43

2. 02H43

彩版六〇 2002年灰坑

1. 02M23

2. 02M23、M24

彩版六一　2002年人祭坑

1．02M24

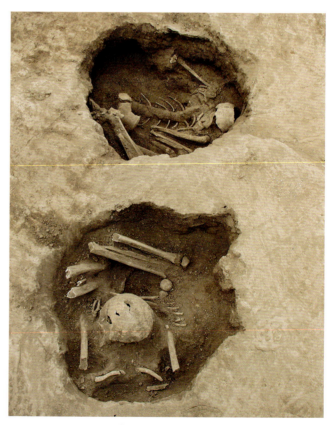

2．02M24、M23

彩版六二　2002年人祭坑

1. 02M25

2. 02M25

彩版六三　2002年人祭坑

1．02M32

2．02M32

彩版六四　2002年人祭坑

1. 02M44

2. 02M44

彩版六五　2002年人祭坑

1. 02Y1

2. 02Y1

彩版六六　2002年窑址

1. 02Y1

2. 02Y1

彩版六七　2002年窑址

1. 02T2硬土面

2. 02T2硬土面

彩版六八　　2002年硬土面

1. 02T4、T7硬土面

2. 02T8硬土面

彩版六九　2002年硬土面

1. 02T11硬土面

2. 02T13硬土面

彩版七〇　2002年硬土面

1. 彩陶瓶残片02H32：7

2. 彩陶瓶残片02H32：7

3. 彩陶瓶残片02T4②：7

4. 彩陶瓶残片02T4②：7

5. 彩陶瓶残片02H44：216

6. 彩陶瓶残片02H44：217

7. 彩陶器耳02H3：1

8. 彩陶器耳02H3：1

彩版七一　　2002年出土彩陶

1. 彩陶瓶残片02T10②：4

2. 彩陶罐残片02F3：1

3. 彩陶罐残片02H44：176

4. 彩陶罐残片02H44：176

5. 彩陶罐残片02H32：8

6. 彩陶罐残片02H8：25

7. 彩陶罐残片02H8：25

8. 彩陶钵02T11④：5

彩版七二　2002年出土彩陶

1. 彩陶钵残片02采：95

2. 彩陶盆残片02H10：2

3. 彩陶盆残片02采：123

6. 彩陶器底残片02H20：30

4. 彩陶盆残片02采：123

7. 彩陶器底残片02H20：30

5. 彩陶瓶盆残片02采：123

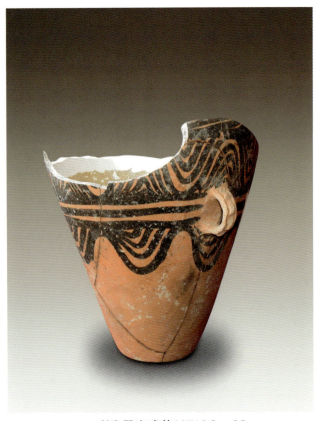

1．彩陶器底残片02T18⑥：35

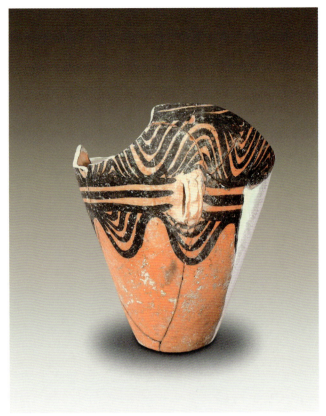

2．彩陶器底残片02T18⑥：35

3．彩陶片02H44：190

4．彩陶片02H44：190

5．彩陶片02T18⑦：7

6．彩陶片02T19⑧：10

彩版七四　2002年出土彩陶

1．彩陶片02采：97

2．彩陶片02H28：17

3．彩陶片02H13：10

4．彩陶片02H13：10

5．彩陶片02H44：218

6．彩陶片02采：103

7．彩陶片02采：99

8．彩陶片02F3：2

彩版七五　2002年出土彩陶

1. 彩陶片02T2②：1

2. 彩陶片02采：478

3. 彩陶片02H44：183

4. 彩陶片02H44：177

5. 彩陶片02采：98

6. 彩陶片02采：98

7. 彩陶片02T18⑧：2

8. 彩陶片02T18⑧：2

彩版七六　2002年出土彩陶

1．彩陶片02T18⑧：1

2．彩陶片02T18⑧：1

3．彩陶片02H38：38

4．彩陶片02H38：38

5．彩陶片02采：100

6．彩陶片02采：100

7．彩陶片02H38：60

8．彩陶片02H38：60

彩版七七　　2002年出土彩陶

1. 彩陶片02采：96

2. 彩陶片02采：96

3. 彩陶片02T18⑦：1

4. 彩陶片02T18⑦：1

5. 彩陶片02H44：181

6. 彩陶片02T26⑤：1

7. 彩陶片02T26⑤：1

8. 彩陶片02采：101

彩版七八　2002年出土彩陶

1．彩陶片02H44：219

2．彩陶片02H44：219

3．彩陶片02H41：22

4．彩陶片02H41：22

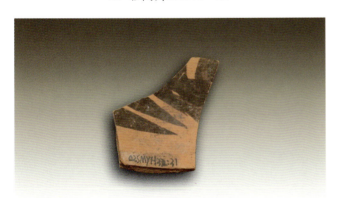

5．彩陶片02H32：31

6．彩陶片02H41：20

7．彩陶片02H44：184

8．彩陶片02H44：184

彩版七九　2002年出土彩陶

1．彩陶片02H33：3

2．彩陶片02H40：31

3．彩陶片02H44：185

4．彩陶片02H44：185

5．彩陶片02T26②：8

6．彩陶片02T26②：9

7．彩陶片02采：1002

8．彩陶片02采：1002

彩版八〇　2002年出土彩陶

1．泥质陶小口瓶02H39：7

2．泥质陶小口瓶02H41：3

3．泥质陶小口瓶02采：11

4．泥质陶小口瓶02H39：6

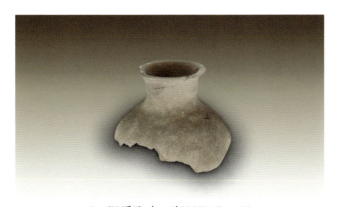

5．泥质陶小口瓶02T1⑧：10

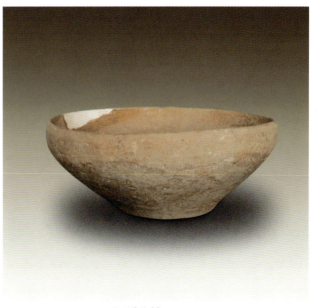

6．泥质陶钵02H30：3

7．泥质陶钵02H30：3

彩版八一　2002年出土泥质陶器

1. 泥质陶高领罐02H16②：5

2. 泥质陶高领罐02H51：1

3. 泥质陶高领罐02采：4

4. 泥质陶高领罐02采：30

5. 泥质陶钵02H44：33

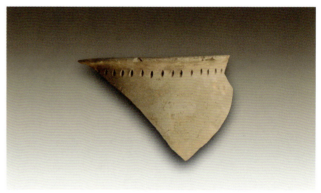

6. 泥质陶缸02H28：14

7. 泥质陶缸02采：26

8. 泥质陶缸02采：26

彩版八二　2002年出土泥质陶器

1. 泥质陶钵02H27：1

2. 泥质陶钵02H27：1

3. 泥质陶钵02H7：22

4. 泥质陶钵02H36：5

5. 泥质陶钵02T1⑧：15

6. 泥质陶钵02H32：2

彩版八三　2002年出土泥质陶器

1．泥质陶钵02H38：2

2．泥质陶钵02H3：6

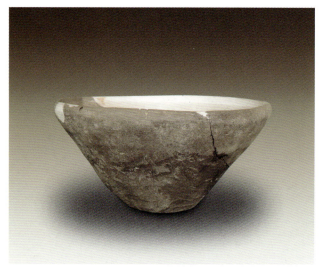

3．泥质陶钵02H17：3

4．泥质陶钵02H28：13

5．泥质陶钵02H36：38

6．泥质陶钵02T7④：1

彩版八四　2002年出土泥质陶器

1. 泥质陶盆02H41：8

2. 泥质陶盆02H26：17

3. 泥质陶带嘴锅02H1：5

4. 泥质陶带嘴锅02H1：5

5. 泥质陶带嘴锅02T18⑧：18

6. 泥质陶碗02H29：3

彩版八五 2002年出土泥质陶器

1. 泥质陶碗02H44：63

2. 泥质陶碗02H36：56

3. 泥质陶碗02H44：65

4. 泥质陶碗02H38：12

5. 泥质陶碗02H27：3

6. 泥质陶碗02采：43

彩版八六　2002年出土泥质陶碗

1．泥质陶碗02H40：5

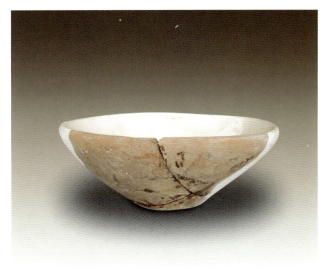

2．泥质陶碗02H38：3

3．泥质陶碗02H28：15

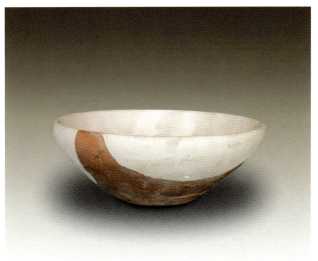

4．泥质陶碗02H20：10

5．泥质陶碗02H29：1

6．泥质陶碗02H29：23

彩版八七　2002年出土泥质陶碗

1．泥质陶碗02H32：23

2．泥质陶碗02H15：1

3．泥质陶碗02H32：1

4．泥质陶碗02H9：7

5．泥质陶碗02H44：106

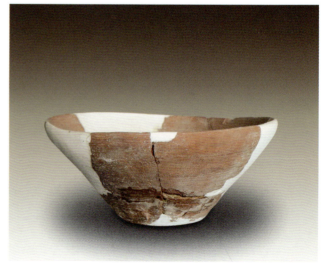

6．泥质陶碗02H16②：1

彩版八八　2002年出土泥质陶碗

1. 泥质陶碗02T1③：15

2. 泥质陶碗02T8④：16

3. 泥质陶碗02T8④：116

4. 泥质陶杯02H49：1

5. 泥质陶杯02H19：1

6. 泥质陶杯02H19：1

7. 泥质陶杯02H33：9

8. 泥质陶杯02H36：55

彩版八九　2002年出土泥质陶器

1．陶塑人面像02H7：5

4．泥塑陶件02H44：814、815、818～820

2．陶塑人面像02H44：67

5．泥塑陶件02H44：814、815、818～820

3．陶塑人面像02H44：67

6．泥塑陶件02H44：69

彩版九〇　2002年出土泥质陶器

1．泥质陶臼02F2：27

2．泥质陶臼02F2：27

3．泥质陶臼02G2：3

4．泥质陶臼02采：45

5．泥质陶饼形器02H44：238

6．泥质陶饼形器02H44：238

彩版九一　2002年出土泥质陶器

1. 泥质陶纺轮02H44：632

2. 泥质陶纺轮02H44：632

3. 泥质陶纺轮02H24：2

4. 泥质陶纺轮02H24：2

5. 泥质陶纺轮02H41：19

6. 泥质陶纺轮02H44：38

7. 泥质陶纺轮02T2①：200

8. 泥质陶纺轮02T2①：200

彩版九二　2002年出土泥质陶器

1．泥质陶纺轮02T2①：201

2．泥质陶纺轮02T2①：202

3．泥质陶球02H16②：21

4．泥质陶球02H44：630

5．泥质陶球02H21：5

6．泥质陶球02H38：55

7．泥质陶球02H44：7

8．泥质陶球02T1①：3

彩版九三　2002年出土泥质陶器

1. 泥质陶器流02H1：1

2. 泥质陶器流02H1：1

3. 泥质陶器底02H36：39

4. 泥质陶器底02H36：39

5. 泥质陶圈足02H20：6

6. 泥质陶圈足02H44：6

7. 泥质陶圈足02H44：6

8. 泥质陶圈足02H44：6

彩版九四　2002年出土泥质陶器

1．夹砂陶侈口罐02H16②：11

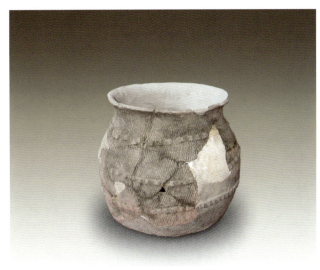

2．夹砂陶侈口罐02H38：56

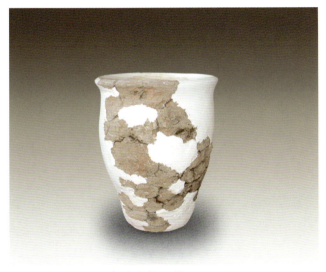

3．夹砂陶侈口罐02H30：2

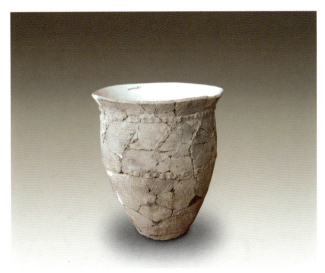

4．夹砂陶侈口罐02T20⑤：1

5．夹砂陶侈口罐02H16②：10

6．夹砂陶侈口罐02采：93

彩版九五　2002年出土夹砂陶器

1．夹砂陶罐02H36：41

2．夹砂陶罐02H36：44

3．夹砂陶罐02H44：23

4．夹砂陶罐02T19⑧：6

5．夹砂陶罐02T19⑧：9

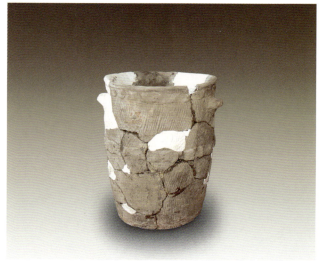

6．夹砂陶筒形罐02T1⑦：4

彩版九六　2002年出土夹砂陶器

1．夹砂陶小罐02H25：4

2．夹砂陶小罐02H43：3

3．夹砂陶小罐02H44：36

4．夹砂陶小罐02H44：36

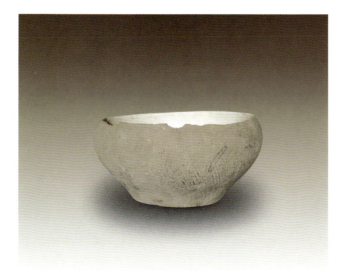

5．夹砂陶钵02H25：24

6．夹砂陶器底02H27：101

彩版九七　2002年出土夹砂陶器

1. 砍砸器02H25：95

2. 砍砸器02H25：95

3. 砍砸器02H12：85

4. 砍砸器02H12：85

5. 砍砸器02H8：117

6. 砍砸器02H8：117

7. 石斧02H41：24

8. 石斧02H41：24

彩版九八　2002年出土石器

1. 石斧02H8：115

2. 石斧02H8：115

3. 砍砸器02H15：29

4. 砍砸器02H15：29

5. 砍砸器02H25：82

6. 砍砸器02T1⑧：41

7. 砍砸器02T1⑧：41

彩版九九　2002年出土石器

1. 切割器02H12：86

2. 切割器02H12：86

3. 切割器02H38：155

4. 切割器02H38：155

5. 切割器02T1④：40

6. 切割器02T1④：40

7. 切割器02采：527

8. 切割器02采：527

彩版一〇〇　2002年出土石器

1．切割器02采：522　　　　　2．切割器02采：522

3．切割器02采：896　　　　　4．切割器02采：896

5．切割器02采：897　　　　　6．切割器02采：897

7．研磨器02采：516　　　　　8．研磨器02采：516

彩版一〇一　2002年出土石器

1. 两侧打缺石刀02H44：660

2. 两侧打缺石刀02T1⑧：33

3. 两侧打缺石刀02H44：658

4. 两侧打缺石刀02H44：658

5. 两侧打缺石刀02H7：39

6. 两侧打缺石刀02T11④：36

彩版一○二　2002年出土石器

1. 石核02T18⑤：23

2. 石核02T18⑤：24

3. 细石核02H44：821～824

4. 石片02H44：744～746

5. 长细石叶02采：802～805

6. 长细石叶02采：802～805

彩版一○三　2002年出土石器

1. 细石叶02H44：759～761

2. 水晶细石叶02H36：238～240

3. 细石叶02H44：662～665

4. 穿孔石器02H12：128

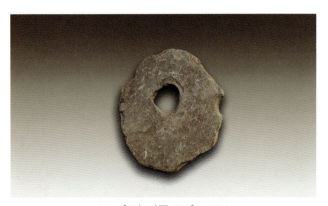

5. 穿孔石器02采：527

6. 石饼02T18⑦：29

7. 石饼02T18⑦：29

8. 细石叶02H25：107～110

彩版一〇四　2002年出土石器

1. 石斧02H1：21

2. 石斧02H1：21

3. 石斧02T1④：41

4. 石斧02T1④：41

5. 石斧02H8：120

6. 石斧02H8：120

7. 石斧02采：520

8. 石斧02采：520

彩版一〇五　2002年出土石器

1．石锛02采：602

2．石锛02采：602

3．石锛02T1⑥：18

4．石锛02T1⑥：18

5．石锛02采：603

6．石锛02采：603

彩版一〇六　2002年出土石器

1．石锛02H44：659

2．石锛02T10②：19

3．石锛02H12：83

4．石锛02H12：83

5．石锛02M8填土：1

6．石锛02M8填土：1

1. 石凿02T9①：1

2. 石凿02H12：10

3. 石凿02H19：20

4. 石凿02H44：713

5. 石凿02H44：714

6. 石凿02H44：711

彩版一〇八　2002年出土石器

1．石凿02H1：22

2．石凿02H36：290

3．石镞02H44：712

4．石镞02H44：806

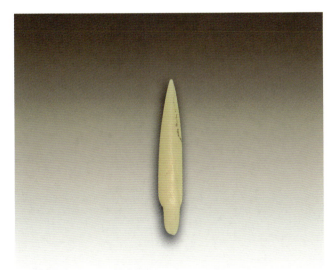

5．石镞02T8①：1

6．石镞02T8①：1

1. 穿孔石刀02T1②：18

2. 穿孔石刀02T1②：18

3. 穿孔石刀02H25：162

4. 穿孔石刀02H45：1

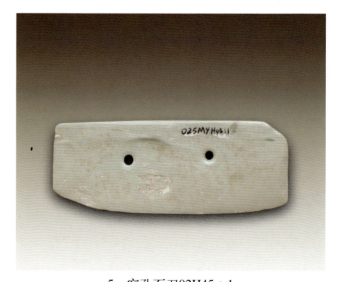

5. 穿孔石刀02H45：1

彩版一一〇　2002年出土石器

1．砺石02H20：132　　　　　　2．砺石02H20：132

3．砺石02T18⑧：62　　　　　　4．砺石02T18⑧：62

5．砺石02T19⑩：2　　　　　　6．砺石02T19⑩：2

7．砺石02H44：641　　　　　　8．砺石02H44：641

彩版一一一　2002年出土石器

1. 石环02H44：657

2. 石环02H30：112

3. 石环02T9④：23

4. 石锛02H25：96

5. 穿孔石器02T26⑦：2

6. 穿孔石器02T26⑦：2

7. 穿孔石器02H44：697

彩版一一二　2002年出土石器

1．研磨器02H41：25

2．研磨器02H41：25

3．石纺轮02H20：145

4．石纺轮02H20：145

5．石纺轮02H20：129

6．石纺轮02H20：129

7．石纺轮02H12：79

8．石纺轮02H12：79

1．石纺轮02采∶601

2．石纺轮02采∶601

3．石纺轮02H44∶640

4．石纺轮02H44∶640

5．石球02采∶599

6．石球02采∶599

7．石网坠02H44∶656

8．石网坠02H44∶656

彩版一一四　2002年出土石器

1．骨锥02H12：148

2．骨锥02H12：144

3．骨镞02H44：835、837、841、842

4．骨锥02H12：145

5．骨锥02H32：94

6．骨锥02H12：142

7．骨笄02H16：27

8．骨笄02H44：688

9．骨笄02H12：141

彩版一一五　2002年出土骨器

1．2003年第一地点发掘前地貌

2．2003年第一地点探方

彩版一一六　2003年探方

1. 2003年第三地点探方

2. 2003年第四地点探方

彩版一一七 2003年探方

1. 03T1北壁

2. 03T1东壁

彩版一一八　2003年探方

1. 03T1南壁

2. 03T1西壁

彩版一一九　2003年探方

1．03T2东壁

2．03T2南壁

彩版一二〇　2003年探方

1. 03T3北壁

2. 03T3东壁

彩版一二一　2003年探方

1. 03T4南壁

2. 03T4西壁

彩版一二二　2003年探方

1. 03T5东壁

2. 03T5南壁

彩版一二三　2003年探方

1．03T6东壁

2．03T6西壁

彩版一二四　2003年探方

1．03T7北壁

2．03T7东壁

彩版一二五　2003年探方

1. 03T7南壁

2. 03T7西壁

彩版一二六　2003年探方

1. 03T8北壁

2. 03T8南壁

1. 03T9东壁

2. 03T9西壁

彩版一二八　2003年探方

1．03T10东壁

2．03T10西壁

彩版一二九　2003年探方

1. 03T11南壁

2. 03T11西壁

彩版一三〇　2003年探方

1. 03T13东壁

2. 03T13西壁

彩版一三一　2003年探方

1. 03T14南壁

2. 03T14西壁

1. 03T15北壁

2. 03T15南壁

1. 03T16东壁

2. 03T16西壁

彩版一三四　2003年探方

1. 03T18北壁

2. 03T18东壁

彩版一三五　2003年探方

1. 03T18南壁

2. 03T18西壁

彩版一三六　2003年探方

1. 03T19北壁

2. 03T19南壁

彩版一三七　2003年探方

1．03T20北壁

2．03T20东壁

彩版一三八　2003年探方

1．03T20南壁

2．03T20西壁

彩版一三九　　2003年探方

1．03T21东壁

2．03T21西壁

彩版一四〇　2003年探方

1. 03T22东壁

2. 03T22西壁

彩版一四一　2003年探方

1. 03T23北壁

2. 03T23东壁

彩版一四二 2003年探方

1．03T24东壁

2．03T24西壁

1．03T25北壁

2．03T25东壁

彩版一四四　2003年探方

1. 03T25南壁

2. 03T25西壁

彩版一四五　2003年探方

1. 03T27北壁

2. 03T27东壁

彩版一四六　2003年探方

1. 03T28北壁

2. 03T28南壁

彩版一四七　2003年探方

1. 03T29东壁

2. 03T29西壁

彩版一四八　2003年探方

1. 03T30北壁

2. 03T30南壁

1. 03T31北壁

2. 03T31东壁

彩版一五〇　2003年探方

1. 03T31南壁

2. 03T31西壁

彩版一五一　2003年探方

1．03T32北壁

2．03T32南壁

彩版一五二　2003年探方

1. 03T33北壁

2. 03T33西壁

彩版一五三　2003年探方

1．03T34东壁

2．03T34南壁

彩版一五四　2003年探方

1．03T36北壁

2．03T36南壁

彩版一五五　2003年探方

1. 03T35北壁

2. 03T35东壁

彩版一五六　2003年探方

1．03T35南壁

2．03T35西壁

彩版一五七　2003年探方

1. 03F1

2. 03F1

彩版一五八　2003年房址

1．03F2

2．03F2

彩版一五九　2003年房址

1. 03F3

2. 03F3

彩版一六〇 2003年房址

1. 03F3

2. 03F3

彩版一六一　2003年房址

1. 03F4

2. 03F4

彩版一六二　2003年房址

1. 03F4、F5

2. 03F4

1. 03F5

2. 03F5

彩版一六四 2003年房址

1. 03F6

2. 03F7

彩版一六五　2003年房址

1. 03F7、F8

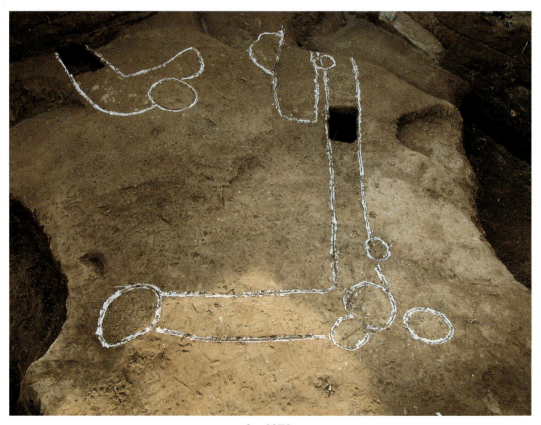

2. 03F8

彩版一六六　2003年房址

1. 03F9

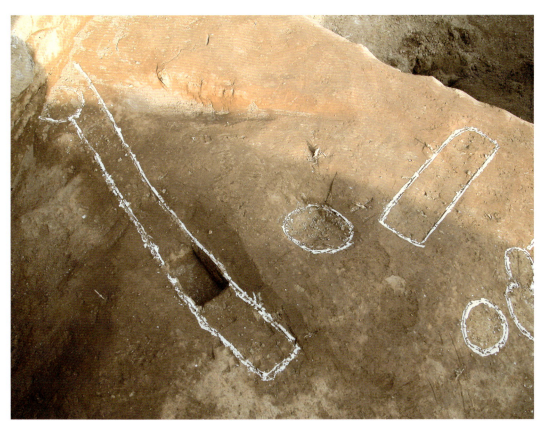

2. 03F9

彩版一六七　2003年房址

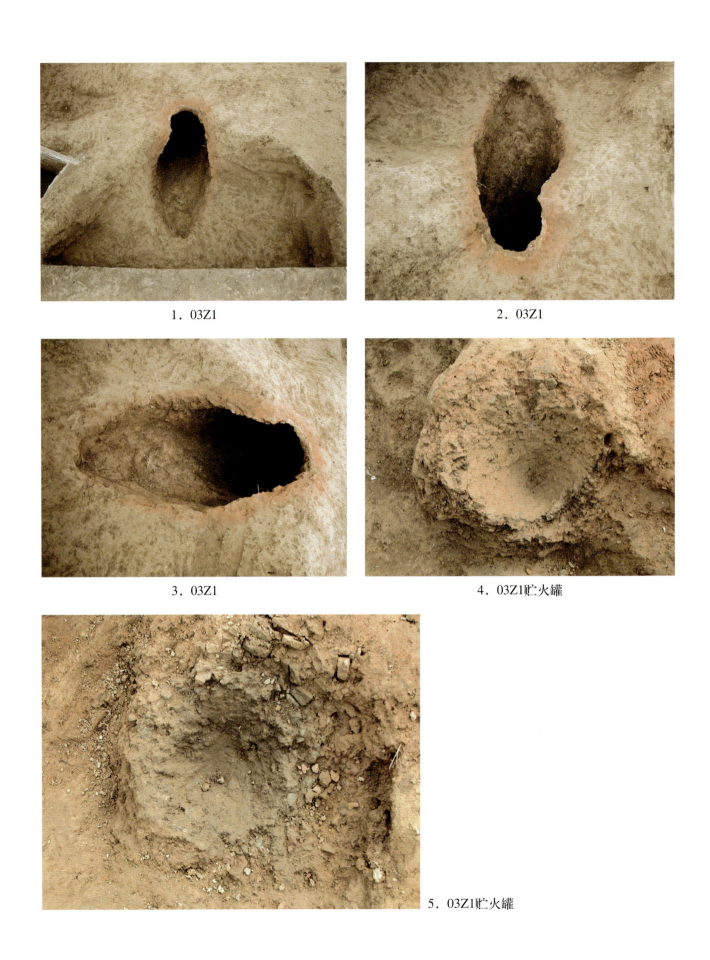

1. 03Z1

2. 03Z1

3. 03Z1

4. 03Z1贮火罐

5. 03Z1贮火罐

彩版一六八　2003年灶址

1. 03Z5～Z9

2. 03Z5～Z9

彩版一六九　2003年灶址

1. 03Z5～Z9

2. 03Z5～Z9

彩版一七〇　2003年灶址

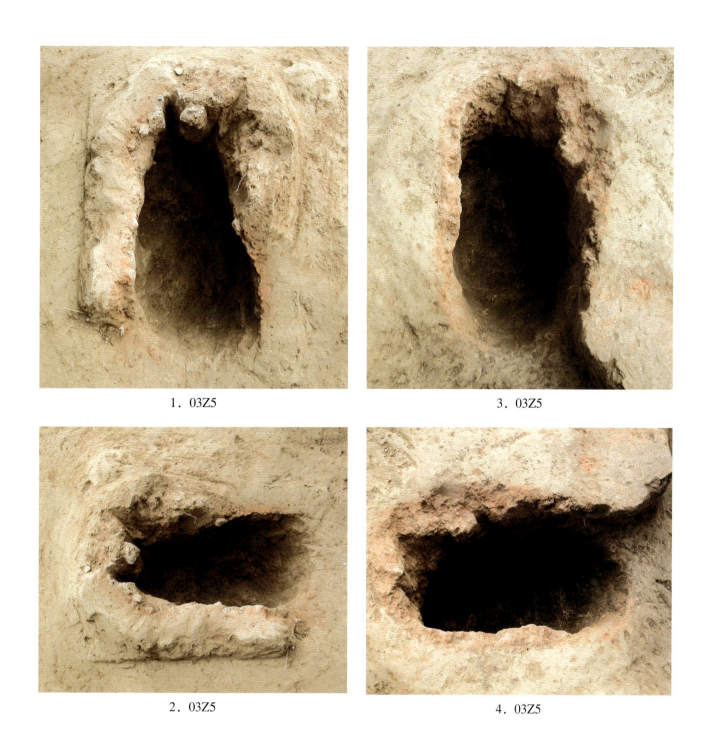

1. 03Z5

3. 03Z5

2. 03Z5

4. 03Z5

彩版一七一　2003年灶址

1. 03Z7、Z8

2. 03Z9

3. 03Z10

1. 03H7

2. 03H10

彩版一七三　2003年灰坑

1．03H8

2．03H8

彩版一七四　2003年灰坑

1. 03H13

2. 03H14

彩版一七五　2003年灰坑

1. 03H26

2. 03H26

彩版一七六　2003年灰坑

1. 03H41

2. 03H41

彩版一七七　2003年灰坑

1. 03H2

2. 02T182. 03H3

彩版一七八　2003年灰坑

1. 03H2、H8、H14

2. 03H2、H8

彩版一七九　2003年灰坑

1. 03H45

2. 03H11

彩版一八二　2003年灰坑

1．03H24

2．03H24

彩版一八一　　2003年灰坑

1．03H45

2．03H11

彩版一八二　2003年灰坑

1. 03H5

2. 03H12

彩版一八三　2003年灰坑

1. 03M32

2. 03M32

彩版一八四　2003年人祭坑

1．03M32

2．03M32

彩版一八五　2003年人祭坑

1. 03M36

2. 03M40

彩版一八六　2003年人祭坑

1．03M40

2．03M40

彩版一八七　2003年人祭坑

1. 03M40

2. 03M40

彩版一八八　2003年人祭坑

1. 03Y1

2. 03Y1

彩版一八九　2003年窑址

1. 03Y1

2. 03Y1

彩版一九〇　2003年窑址

1. 03Y1烟道

2. 03Y1烟道

彩版一九一　2003年窑址

1. 03Y2

2. 03Y2

彩版一九二　2003年窑址

1. 03Y3

2. 03Y3

彩版一九三　2003年窑址

1. 03Y3

2. 03Y3

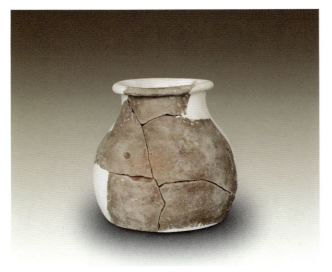

1. 泥质陶壶03H41⑤：71

2. 泥质陶高领罐03H55：3

3. 泥质陶高领罐03H47：65

4. 泥质陶高领罐03H58：6

5. 泥质陶高领罐03H58：6

6. 泥质陶高领罐03H2：7

彩版一九五　2003年出土泥质陶器

1. 泥质陶钵03T6③a：2

2. 泥质陶钵03H37：5

3. 泥质陶钵03H48：109

4. 泥质陶钵03H48：109

5. 泥质陶钵03H48：219

6. 泥质陶钵03Z8：1

彩版一九六　2003年出土泥质陶器

1．陶盆03H41：10

2．彩陶罐03H57：1

3．彩陶瓶03T9⑤：7

4．带嘴锅03T27③a：2

5．彩陶瓶 03H43：313

6．彩陶瓶03H52：4

7．彩陶瓶03T27⑤：13

8．彩陶瓶03T27⑤：13

彩版一九七　2003年出土泥质陶器

1．泥质陶碗03L1：17

2．泥质陶杯03H24：5

3．陶人头像03HG1：16

4．陶器盖03H11：25

5．陶球03H42：54

6．陶球03H43：138

彩版一九八　2003年出土泥质陶器

1. 泥质圆陶片03H43：315、317、318、319、321

2. 泥质圆陶片03H43：315、317、318、319、321

3. 夹砂陶侈口罐03H42：51

4. 夹砂陶侈口罐03H42：51

5. 夹砂陶侈口罐03H42：57

6. 夹砂陶侈口罐03H42：57

彩版一九九　2003年出土陶器

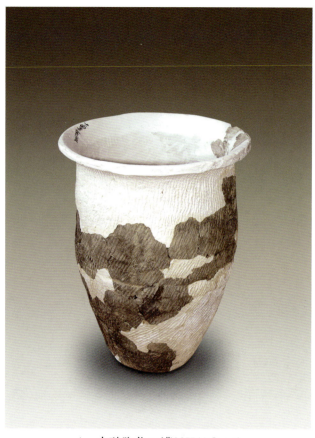

1．夹砂陶侈口罐03H41⑤：6

2．夹砂陶盆03H14：6

3．夹砂陶带嘴锅03T21④b：4

4．夹砂陶带嘴锅03H26：12

5．夹砂陶带嘴锅03H26：12

彩版二〇〇　　2003年出土夹砂陶器

1. 两侧打缺石刀03H43：133

2. 两侧打缺石刀03H43：133

3. 细石叶03H42：109～116

4. 细石叶03H42：109～116

5. 细石叶03H42：101～108

6. 细石叶03H42：101～108

1. 石杵03L1：3

2. 石杵03L1：3

3. 石凿03H43：309

4. 石凿03H49②：15

5. 石凿03L1：4

6. 石凿03L1：4

彩版二〇二　2003年出土石器

1．石凿03T43②：14

2．石凿03T43②：14

3．砺石03H42：174

4．砺石03H42：197

5．砺石03H42：197

6．砺石03H42：200

彩版二〇三　2003年出土石器

1．砺石03H55：9

2．砺石03H58：53

3．砺石03H58：48

4．石刀03H42：14

5．石纺轮03H42：11

6．石纺轮03H42：11

7．骨簪帽03T10④a：1

8．骨簪帽03T10④a：1

彩版二〇四　2003年出土石器、骨器

1．2004年发掘现场

2．2004年第一地点探方

彩版二〇五　2004年探方

1．2004年第二地点发掘

2．2004年第二地点发掘

彩版二〇六　2004年探方

1．04T1北壁

2．04T1东壁

彩版二〇七　2004年探方

1. 04T1南壁

2. 04T1西壁

彩版二〇八　2004年探方

1. 04T2北壁

2. 04T2东壁

彩版二〇九　2004年探方

1. 04T2南壁

2. 04T2西壁

彩版二一〇　2004年探方

1. 04T3北壁

2. 04T3东壁

彩版二一一　2004年探方

1. 04T3西壁

2. 04T5西壁

彩版二一二　2004年探方

1. 04T7东壁

2. 04T7南壁

1．04T9北壁

2．04T9东壁

彩版二一四　2004年探方

1. 04T10北壁

2. 04T10东壁

彩版二一五　2004年探方

1. 04T10南壁

2. 04T10西壁

彩版二一六　2004年探方

1. 04T11北壁

2. 04T11东壁

彩版二一七　2004年探方

1. 04T11南壁

2. 04T11西壁

彩版二一八　　2004年探方

1. 04T12东壁

2. 04T12西壁

彩版二一九　2004年探方

1. 04T13北壁

2. 04T13东壁

彩版二二〇　2004年探方

1. 04T13南壁

2. 04T13西壁

彩版二二一　　2004年探方

1. 04F3

2. 04F3

1. 04F4

2. 04F4

彩版二二三　　2004年房址

1. 04Z1

2. 04Z1

3. 04Z1

彩版二二四　2004年灶址

1. 04H3

2. 04H3

彩版二二五　2004年灰坑

1. 04H2

2. 04H9

彩版二二六　2004年灰坑

1. 04H13

2. 04H14

彩版二二七　2004年灰坑

1. 04H27

2. 04H18

彩版二二八　2004年灰坑

1. 04H6

2. 04H6

彩版二二九　2004年灰坑

1. 04Y1

2. 04M29

彩版二三〇　2004年灰坑

1. 彩陶钵04H16：2

2. 彩陶钵04H16：2

3. 彩陶瓶04H31：3

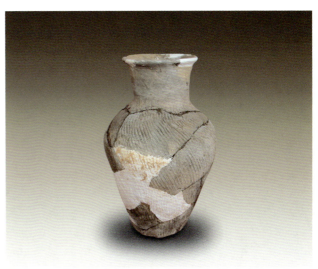

4. 泥质陶小口瓶04H14：23

5. 泥质陶高领罐04H3：16

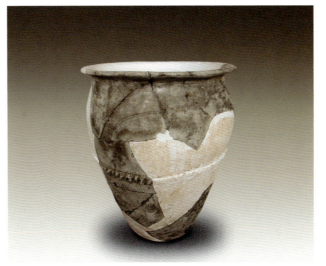

6. 泥质陶缸04H3：11

彩版二三一　　2004年出土泥质陶器

1. 泥质陶钵04H7：41

2. 泥质陶甑04H8：11

3. 泥质陶甑04H8：11

4. 陶塑人面像04H8：101

彩版二三二　2004年出土泥质陶器

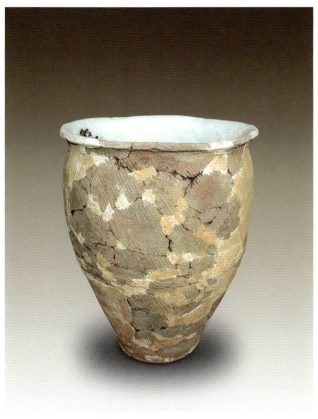

1．夹砂陶侈口罐04H8：101

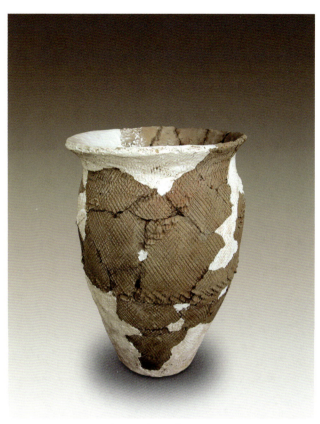

2．夹砂陶侈口罐04H17：7

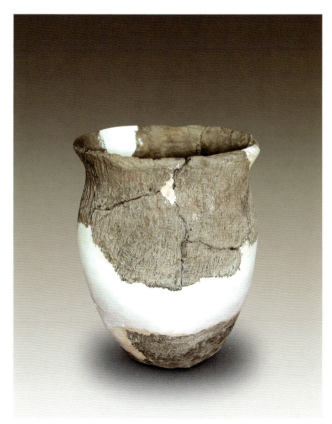

3．夹砂陶小罐04H6：2

4．夹砂陶杯04H3：26

彩版二三三　2004年出土夹砂陶器

1．有肩石铲04H16：1

4．石刻人面像04H7：100

2．有肩石铲04H16：1

3．石镯04M38填土：1

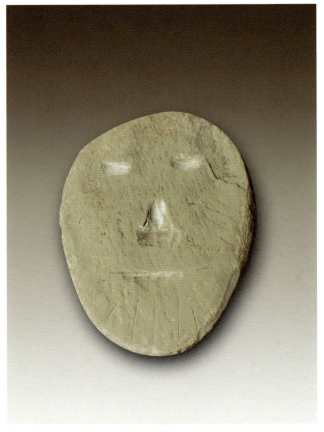

5．石刻人面像04H8：100

1. 骨器

2. 蚌刀04T1④：2

3. 蚌刀04T1④：2

4. 穿孔蚌壳04H16：6

5. 穿孔蚌壳04H16：6

6. 海贝04M27：5

7. 卷织物04H8：102

8. 卷织物04H8：102

彩版二三五　2004年出土遗物

1. 06T1、T2（南-北）

2. 06T1、T2（北-南）

彩版二三六　2006年探方

1. 06T1②层

2. 06T2②层

彩版二三七　2006年探方

1. 06T1东壁

2. 06T2南壁

彩版二三八　2006年探方

1.06T3东壁

2.06T4南壁

彩版二三九　2006年探方

1．06T6东壁

2．06T7东壁

彩版二四〇　2006年探方

1. 06F1

2. 06F1

彩版二四一 2006年房址

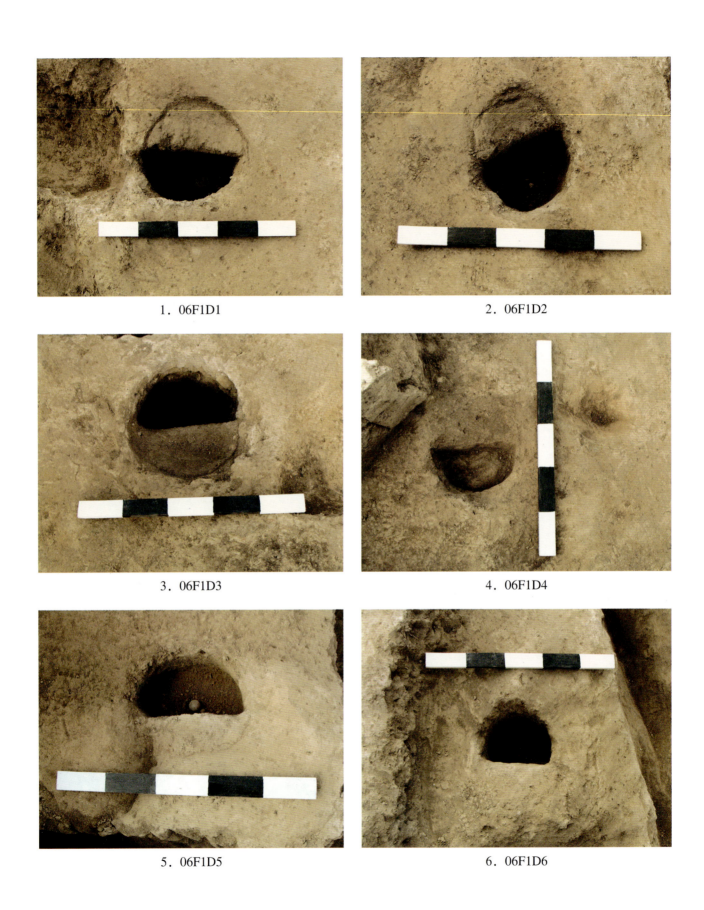

1. 06F1D1

2. 06F1D2

3. 06F1D3

4. 06F1D4

5. 06F1D5

6. 06F1D6

1. 06F2

2. 06F2

3. 06F2D1

彩版二四三　2006年房址

1. 06F3

3. 06F3D2

2. 06F3D1

4. 06F3D3

1. 06H1

2. 06H3

彩版二四五　2006年灰坑

1．06H6

2．06H7

彩版二四六　2006年灰坑

1．06H9

2．06H11

彩版二四七　2006年灰坑

1. 06H13

2. 06H14

1. 06H10

2. 06H10

彩版二四九　2006年灰坑

1. 06H2

2. 06H8

彩版二五〇　2006年灰坑

1．06G1

2．06G2

彩版二五一　2006年灰沟

1. 06Y1

2. 06Y2

彩版二五二　2006年窑址

1. 彩陶片06T4②：9

2. 彩陶片06T4②：9

3. 彩陶片06H9：25

4. 彩陶片06H9：25

5. 火种罐06H14：12

6. 泥质陶钵06T3②：3

彩版二五三　2006年出土陶器

1. 泥质陶盆06H13：5

2. 泥质陶盆06H13：5

3. 泥质陶盆06H9：23

4. 泥质陶盆06M14填土：1

5. 泥质陶带嘴锅06H14：6

6. 泥质陶带嘴锅06H14：6

彩版二五四 2006年出土陶器

1. 泥质陶带嘴锅06H14：21

2. 泥质陶带嘴锅流06H1：20

3. 泥质陶碗06T3②：1

4. 泥质陶杯06M1填土：1

5. 泥质陶器盖06M14填土：4

6. 陶片06Y2：10

彩版二五五　2006年出土陶器

1. 穿孔器构件06T4③：11

2. 穿孔器构件06T4③：11

3. 穿孔器构件06T4③：11

4. 穿孔器构件06T4③：11

5. 穿孔器构件06T4③：11

6. 夹砂器底06H14：2

彩版二五六　2006年出土陶器

1．打制石刀06Y2：13

2．打制石刀06Y2：13

3．打制石刀06G3：1

4．打制石刀06G3：1

5．磨制石刀06H4：10

6．石环06H9：44

1. 兔右股骨·04H28：6

2. 獾左尺骨·03H15：5

3. 藏酋猴右肱骨·04H36：7

4. 羊左距骨·04H10：2

5. 藏酋猴左肱骨·03H39：3

6. 羊左下颌·04H16：1

7. 藏酋猴左股骨·03H57：7

8. 斑羚角·04T2②：2

彩版二五八　营盘山遗址出土动物骨骼

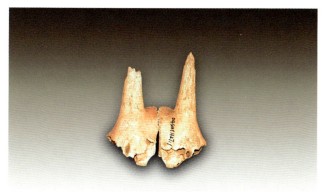

1．斑羚角04H27：1

2．羊左下颌03H48：25

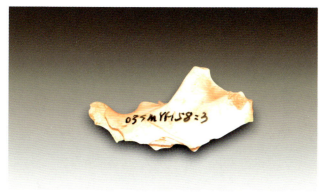

3．竹鼠左下颌03H58：3

4．黄牛右桡骨04H17：10

5．黄牛炮骨03H42：6

6．黄牛左距骨02H44：35

7．黄牛第一趾骨03H41：12

8．黄牛第二趾骨03H41：14

彩版二五九　营盘山遗址出土动物骨骼

1．水鹿角03H42：24

2．水鹿头骨04T10④：2

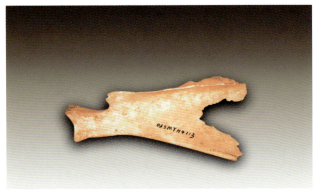

3．水鹿左肩胛骨03H41：3

4．水鹿右胫骨04H17：14

5．斑鹿左胫骨04H10：4

6．斑鹿炮骨03H42：43

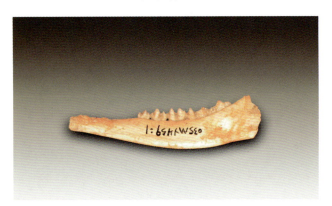

7．麂右下颌03H59：1

彩版二六○　营盘山遗址出土动物骨骼

1. 蚌04H16：6

2. 角坯料04H16：7

3. 麂股骨（软病瘤病理）04H17：6

4. 水鹿肢骨（软骨瘤病理）03H6：4

5. 麂股骨（软病瘤病理）01M1：1

1．骨梗刀04H10：1

2．B型镞03H42：18

3．C型镞03H55：1

4．珠04H18：15

5．磨光肋骨03H42：3

6．A型骨匕03H43：9

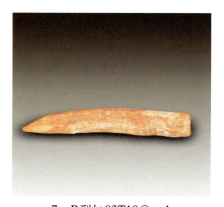

7．B型匕03T10④：1

8．牙坯料02H20：1

9．骨梗刀03H42：31

彩版二六五　营盘山遗址出土骨器和骨坯

1．A型I式角锥03H42：30

2．A型II式角锥02H42：2

3．B型角锥03H48：19

4．A型骨簪02H43：1

5．B型骨簪03T26③A：1

6．C型骨簪03T33④B：5

7．簪帽03T10④A：1

8．D型骨簪03H20：4

彩版二六四　营盘山遗址出土骨器

1．骨料03H42：33

2．骨料03H58：7

3．骨料03H36：3

4．骨料03H42：12

5．C型骨锥03H42：1

6．A型骨锥03H43：4

7．B型I式骨锥03L1：1

8．B型II式骨锥03H42：32

彩版二六三　营盘山遗址出土骨料和骨器

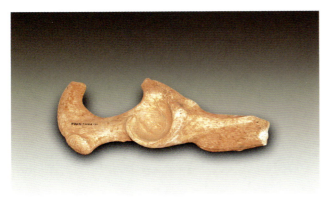

1．黑熊左髋骨03H42：11

2．黑熊左股骨03H41：1

3．黑熊趾骨02H8：21—23

4．猪头骨03H14：1

5．猪左下颌04H27：4

6．猪右股骨02H8：2

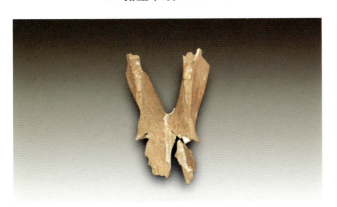

7．猪下颌02H7：2

彩版二六二　营盘山遗址出土动物骨骼

1. 麂右桡骨03H57：7

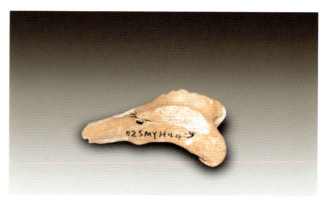

2. 麂左股骨02H44：5

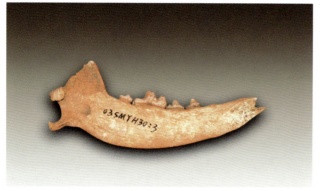

3. 狗左下颌03H30：3

4. 狗左上颌03H30：7

5. 狗右股骨04H10：9

6. 狗右髋骨02H37：4

7. 黑熊左尺骨02H44：10

8. 黑熊右桡骨03H15：5

彩版二六一 营盘山遗址出土动物骨骼

1. 鹿角料03H48：20

2. 海贝04M27：5

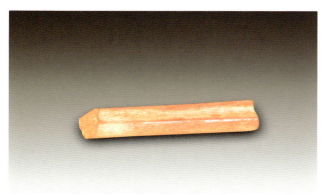

3. 骨器（有染色）03H20：4

4. 蚌刀04T1④：2

5. 大鵟左肱骨03SMYH53：2

6. 石鸡荐椎03SMYH14：44

7. 环颈雉左股骨04SMYH18：13

彩版二六七　营盘山遗址出土骨器、蚌器